JN410447

쥐악상추

이태규 시집

문학의전당 시인선
145

쥐악상추

이태규 시집

문학의전당

Misunderstandings Regarding Transparency

While repairing my house,
I find the blades of glass dropped onto the yard
From a broken window glaring at me.
During repair work on the house
I was a little unhappy about their tints
But not really aggrieved.
They must have been deeply hurt by my teasing.
With a contrite heart
I picked up the splinters of glass,
Putting them in a recycled envelope.
Days afterwards
I noticed the splinters of glass
Looking daggers at me with unmitigated enmity
From within the grasses.
I'd had thought that glass, being transparent all the time,
Harbored no ill will.
The mind of what was visible was deeper
Than what was invisible.

*본문「투명함에 대한 오해」참조

by Lee, Tae Kyu
trans Chang Soo Ko

Stone Wall

The folks at Hagari on JejuIsland
Construct their walls with stones
To fend off the wind.
They build stone walls
Around crop fields, rice paddies,
Village roads, or graves.
When village roads crumble,
They build new walls in joint undertakings,
Leaving chinks and cracks in the wall.
They insert smaller stones
In between larger ones, thereby
Dovetailing them;.
They shake them to put them in place.
They leave them as they are -
The small holes that emerge in the process -
Without filling the gaps.
Though they may look awkward,
They are the very force that props the village,
I mean the holes of wisdom that are left
In the solid wall from generation to generation.
I must create wind holes in my naive mind
That believed a good life
Should not contain gaps

*본문 「돌담」 참조

by Lee, Tae Kyu
trans Chang Soo Ko

透明さに対する誤解

家の修理中に
庭に捨てられたガラス窓
かけらが
私を狙っている
いつも滑らかなのが
気にくわなく思っていたが
それほどまでに怨まれるはずないのに
私の些細な当てこすりが
気に障ったらしい
贖いたくて
ガラスのかけらを拾ってリサイクル袋に収めた
幾日が経ったろうか
その草叢でいまだ殺気を籠めて
にらんでいるガラスのかけらを見た
ガラスはいつも透明で心はないと思っていたが
見えないものの心より見える方の心がずっと深い

＊본문「투명함에 대한 오해」참조

李台圭 譯
高貞愛 監修

蓮華

駐車場の入り口に〈満車〉と告げているので
車を外に立たした
駐車場に入って見るとがらんと空いている
寺の人も嘘をつくのかな
つぶやきながらお堂に上がり
跪いて佛様にお願いを祈った
背を向けて出ようとすると 佛様が後ろから一言
“君! 賽銭はどうしたんだ.”
私も後向きになって答える
“お願いが叶ったら.”
解脱の門を出るのに後ろでだれかがさっと帽子をかっさらう
素早く蓮華が受けかぶってにっこりと笑う
佛様は
池に咲きこぼれていられる

*본문 「연꽃」 참조

李台圭 譯
高貞愛 監修

시인의 말

가을 돌담에 매달린 애호박이 곱다.

회색 화판에 색깔을 입히는 일이다,
삶이란
기쁜 색과 슬픈 색
할아버지가 홍시를 따서 들고 손자를 기다리는 마음이
기쁜 색이다.

홍시를 기다리는 마음으로
썼다.

2013년 야천문학관에서
이태규

차례

제2부

제3부

제4부

제1부

할매곰탕집

守城역 앞에는
할매들이 평생 일군 곰탕집이 있어
새벽을 밀고 들어가면
굼뜬 세월이 먼저 삐걱 인사를 하지
나무 식탁 위 정갈하게 놓인
이빨 빠진 뚝배기들
연탄불에서 몇 번씩이나 제 속을 뒤집으며
맛을 담금질하는 가마솥 곰탕
세월이 움푹움푹 파낸 도마가
제 속살을 내밀며 관록을 자랑하지만
관록하면 뭐니 뭐니 해도
세월을 썰어 반찬거리를 다듬는 할매들이
으뜸이지 웃음을 끼워 팔며
구수한 사투리로 손님을 맞는 할매들이지
守城역은 곰탕집을 지키고
할매들은 주름진 손길로
守城역을 지키지

성형외과 1

제 어미와 함께 나간 딸이
성형외과에 입원했다기에 찾아가 보았다
칼로 깎고 대패로 밀고
잘라내고 붙여서 만든 얼굴
얼굴은 퉁퉁 붇고
붕대로 감긴
딱, 전쟁 중인 부상병의 몰골이다
십여 일이 지나 붕대를 푼다기에 찾아갔더니
내 유전자로 빚어진 내 딸은 없고
아비도 어미도 모르는
스스로 족보를 창제한 외계의 여자아이가
딱, 왕림해 있다
내 혈통을 불평하던
그것까지 사랑했던 내 딸은
어디로 갔는가
한 이십 년은 있어야 낯설지 않겠다

성형외과 2

딸과 사위가
신생아실 밖에서
제 아이를 찾고 있다
서로
실랑이를 한다
딸은 제 딸을 찾은 것 같으나
사위는 제 딸을 못 찾고
다른 신생아를 가리킨다
뒤에서 지켜보던 내 심장에
파랑이 친다
파랑 뒤에 따라올 격랑이
두렵다
외계인 키운 죗값이려니!
유리창 밖
정체성도 모르고 쏟아지는 진눈깨비,
신눈깨비들

세 칸의 방

아이들이 결혼하기 전에는 방 두 칸을 아이들이 각각 쓰고 한 칸은 부부가 썼다. 아이들이 떠난 지금 한 칸은 잡다한 물건들이 차지하고 한 칸은 텅 비어 있다가 부부싸움 한 날이면 도피처로 쓴다.

그 옛날 한 칸의 방에서 지지고 볶던 비릿한 발 냄새가 그립다. 무취로 채워진 세 칸의 방이 너무 넓고 멀다. 나 죽은 후 행여 아이들이 불러준다면 한 칸의 방을 차지하겠지만, 지금 심정으로는 부부가 한 칸의 방에 묻히더라도 마음은 늘 세 칸의 방이 아닐까…

수목장

수골실에서 만난 어머니는
뽀얀 재로 누워 있다
슬픔도 행복도
미움도 사랑도
세상과의 모든 인연도
불살라버리고
오롯이 자신만으로 누워 있다
자신의 생애가
채 두 홉도 되지 않는다는 걸
어머니는 알까
한지로 싸인 어머니를
평소 좋아하시던 단풍나무 밑에 묻었다
두 홉의 어머니
생애가
해마다 붉으락푸르락 하시겠다

행복나무

꽃가게 아주머니가 행복나무를 집안에 놓으면 행복이 들어온다고 하기에 분재 하나를 사다 거실 안에 놓았다 거실 안이 행복으로 가득 찼다

며칠 지나지 않아 행복이 축 늘어졌다 물이 부족한 것 같아서 물을 흠뻑 주었더니 다시 싱싱해졌다 그러나 며칠 지나지 않아 행복이 다시 말라 버린다 화분을 쏟아 보았더니 화분 절반이 스티로폼으로 차 있고 잔뿌리가 잘려 나간 채였다

스티로폴을 빼고 다시 화분에 행복나무를 심었다 그러나 허사였다 잘려나간 잔뿌리는 다시 돋아나지 않았다 겉만 번지르르한 행복나무를 구입한 것부터가 문제였다 행복 고르는 법부터 배웠어야 했다

친구의 女子
—담배

나는 그 女子가 싫다
보이는 사람마다 추파를 던지는 女子 군복을 입은 사내들을 특히 좋아하는 女子 식사가 끝나기가 무섭게 키스를 요구하는 女子 술을 마시거나 심심한 눈치만 보여도 달려드는 女子 속상한 꼴만 보여도 주둥이를 내미는 女子 잠을 자다가도 온몸으로 유혹하는 女子

하루에도 수십 번씩 입맞춤을 요구하는 女子 입이 전부인 女子 다가갈수록 헤어날 수 없는 女子 내 친구가 죽는 날까지 사랑한 女子 내 친구를 사랑한 女子 아름답고 치명적인 毒을 가진 女子
나는 그 女子가 싫다

변방마을 사람들

변방마을에는
반쪽으로 사는 사람들이 있다

집도 반
보는 것도 반, 듣는 것도 반
먹는 것도 반, 하는 것도 반

어느 날 호기심 많던 반쪽마을 사람이 허세마을에 다녀온 후로 시름시름 앓다 죽은 일이 생겼다
그 후 사람들은
허세마을 가는 것을 금기로 삼았는데
그들을 엑스레이로 찍으니
반쪽짜리 마음이 선명하다

반쪽짜리 집에서
반쪽짜리 상에
반쪽짜리 밥을 차려놓고
반쪽으로 둘러앉아

반만 행복한 사람들

반만 행복해서 더 행복한
변방의 사람들

수탉의 죽음

내가 큰 실수를 했구나!
정말 미안하구나
네 용맹한 기상과 미끈한 몸매
암탉을 지키려던 부리부리한 눈매
정렬이 넘치는 사랑의 몸짓
입에 맞는 먹이도
암탉에게 먼저 양보하던 신사
우리를 뚫고 찾아왔던 햇닭의 순정
햇닭의 교태에도
품위를 잃지 않던 수탉
미안하구나
정말 미안하구나
잠시 내가 정신줄을 놓은 사이
내 우둔함이 거기까지 생각하지 못했구나
어느 악기보다 청아했던 네 목소리
이웃들이 귀찮아한다기에
내 짧은 믿음만 믿고 그 사람에게
넘겨준 것이 문제였어

그러한 네 청량한 목소리가
네 가족을 한꺼번에 주검으로 몰다니…
이 어리석은 인간들은
네 고결한 사랑의 울부짖음을 듣지 못하는
어리석은 귀를 갖고 있었던 거야
낡아! 세발 네 큰 날개로 훨훨
내 곁에서 멀리 떠나가 다오

눈썹달

언젠가부터 내 손톱에서
눈썹달이 사라졌다

어디로 가버렸을까
세상 속으로
숨어버린 눈썹달

닳고 뒤틀린 손톱 위에
두껍게 내려앉은
늙수그레한 눈썹달

아! 잠든
내 아이들 손가락에 빛나는
저것은?

씻김굿

새봄이 오면
창경궁은 씻김굿으로 문을 연다
개성을 뽐내는 목단들이
하나 둘 고고한 자태를 드러내면
외투를 벗어던진 사진사들이 몰려든다
어떤 꽃은 순백의 미소로
어떤 꽃은 홍안의 미소로
수줍게 얼굴을 내밀고
찬바람이 앙가슴을
슬며시 헤집고 들어오면
우수수 수줍음이 쏟아진다
관람객들을 환영하는
벌떼악단의 연주가 시작되고
흰나비들 춤사위가 번쩍이면
씻김굿은 절정으로 치닫는다
恨으로 응어리진 창경궁은
해마다 씻김굿으로 하늘문을 연다

가을비

가을비는 소리가 없다
추적추적 내리는 비는
윗가지를 적시고
아래가지를 적신다
아래가지를 적신 비는
다시 땅바닥을 적신다
가을비가 적신 단풍잎은
붉게 타오르고
가을비가 머문 땅바닥은
검게 시든다
차가운 검은 바람이
소리 없이 지나간다
가슴을 적시는
가을비는 무게가 있다

걸레

세상에 변하지 않는 것은 없는가
걸레로 마루를 닦는다
더러워진 곳을 속으로 접으며

조금만 젖어도
조금만 더러워져도 빨고
햇살에 말려서
뽀얀 몸을 닦던 시절이 있었다

플라스틱 바구니에
젖은 채로 처박혀 있다가
더러움을 먹고사는 걸레처럼
시간도 낡아지면 더러워지는 것인가

낡은 시집을 펼친다
누런 종이 위에
한편의 날선 시어들이
손끝을 벤다

통일표 샐러드

청개구리표 고집도 썰고
옥야표 교만도 썰고
사가르마타표 허영도 썬다
알맞은 크기를 고집할 필요는 없다
입에 들어갈 정도면 된다
잘 썰어진
고집과 교만과 허영을
화해표 바가지에 넣고
통일표 케첩을 뿌린다
이해의 수저로 휘휘 휘저어
통일표 샐러드를 만든다
나눔표 식탁보를 깔고
여우와 두루미의 우화와 마주 앉는다
긴 젓가락으로
서로 먹여주면 더 좋겠다

마지막 뒷모습

십 년쯤 탄
자동차가 팔려간다
차는 뒤도 돌아보지 않고
휭 떠나버린다
팔아버린 걸 원망하면서
목돈이 없던 시절에
망설이고 망설이다
할부로 산 첫 번째 자동차
닦고 조이고 장식하고 털어내던
작은 흠집만 나도
가슴 아파하던 첫사랑
기약 없이 떠나보낸 첫사랑
마지막 뒷모습이 멀어질수록
낡은 추억들만
문밖에서 서성인다

첫사랑은 늘
이별의 손을 잡고 다녔던가

영안실에서 쓴 편지

여보! 당신은 오늘 내가 떠난다고 울지만 나는 행복해서 운답니다. 오늘 나는 드디어 내 자신만의 방에 당신과 사랑하는 아이들의 이름이 새겨진 문패를 달았어요. 결혼식이나 기념일에도 이렇게 화려한 꽃을 본 적이 없었지요. 나를 위해 울어주는 사람들이 있다니 이런 호사가 어디 있겠습니까. 그저 고맙고 감사할 뿐입니다. 오늘은 내가 세상에 태어나서 가장 호강하는 날인가 봅니다. 당신이 주연을 맡아준 덕택에 모진 인연의 손 놓치지 않고 빈약한 일기장 한 권 남기고 갑니다. 그동안 감사했습니다. 부디 행복하세요.

제2부

연꽃

절간 주차장 입구에 〈만차〉라고 쓰여 있기에
차를 밖에다 대고 들어갔다
주차장에 들어가 보니 텅텅 비었다
절간 양반도 거짓말을 하는구나 중얼거리며
법당에 들어가 큰절을 하고 부처님께 소원을 빌었다
돌아서 나오려는데 부처님이 뒤에서 한 말씀 하신다
"이 사람아, 시주는 하고 가야지."
나도 돌아서서 대답한다
"소원 성취하면요."
불이문을 나오려는데 누가 뒤에서 휙 하고 모자를 낚아 챘다
얼른 연꽃이 받아쓰고 빙그레 웃는다
부처님은
연못에서 만발하고 계시다

순백의 결혼반지

“이제 소용이 다한 것 같네요.”
아내가 대수술하기 전날 밤
곱게 싼 앨범 위에
결혼반지를 빼놓고 빙그레 웃는다
가난과 반죽해서 만든 가느다란 14k 반지
일할 때 닳아버릴까 봐
늘 빼놓던 반지
볼품없이 닳아버린 반지
“그래도, 이 가느다란 반지가 아름다운 앨범
한 권 만들었네요.”
내 손등에 주르륵 눈물 뿌리던
아내의 손가락에
빛나던 순백(純白)의 결혼반지를 새겨준 반지

제대로 생긴 반지 하나 끼워주지 못한
아내가 사 · 무 · 치 · 게 그리워지는
밤…

냉탕온탕

아들 내외가
유치원 다니는 손자를 데리고 온다기에
동네 목욕탕으로 달려갔다
목욕탕에는 아들의 등을 미는 아비는 있어도
아비의 등을 미는 아들은 없었다
온탕 벽에 기대고 앉아
만화로 그려 붙인
여인네의 풍만한 엉덩이를 보다가
눈앞을 지나다니는 청년들의
튼실한 허벅지를 보다가
무심코 어깨에
끼얹은 뜨거운 물에 소스라치게 놀라
냉탕에 들어가 정신을 차려보니
돌아가신 아버지가
내 앞에 등을 내미신다
오뉴월 논을 매나 보기에 뜯겨
빨갛게 버꽃이 핀 아버지의 등이다
활처럼 휜 등이다

쥐악상추

베란다 화분에 심은 상추에게 물을 준다
지력이 없는 탓일까
잎사귀에 힘이 없다
파종할 때까지만 해도
싱싱한 줄기에 넓적한 잎을 기대했는데
이럴 수가
내가 잠시 무관심한 사이
누런 상추 잎에는
까만 벌레들이 문패를 달았다
얼씨구 세상 이치가
이곳에서도 작동하는구나
선을 먼저 긋는 놈이 장땡이라더니
상추에게 묻는다
주인 승낙도 없이
벌레들에게 안방을 내준 이유가 뭐냐고
쥐악상추가 된 까닭을 끝내 모르겠느냐고

방에 사는 거미

방 천정에 거미 한 마리가
구멍가게를 차렸다
들판도 있고 산도 있는데
하필 방구석에 사업장을 차린
소심한 성격의 거미
하다못해 추녀 밑이라도 좋았을 것을
날파리도 드나들지 못하는 방에서
무엇을 먹고 살까 걱정했는데
한 달여나 지났을까
거미줄에는
벌레 껍질이 매달리고
참깨만 한 거미가 들깨만큼 자랐다
천정 구석에
사업장을 차린 것이 적중한 것이다
자신을 믿으며
자신의 소심함을 극복한 거미
세상사 보이는 것만이 전부가 아닌가 보다
거미의 사업성이 돋보인다

커피나무

아프리카에서 커피나무 한 그루 옮겨 심었다
잔가지 잔뿌리 이파리 한 장까지
고향 흙냄새로 반질한 커피나무
물도 해도 설은 땅에 뿌리내리겠다고
천리타향 시집온 커피나무
키는 훤칠하고 허리는 잘록하다
하얗게 핀 꽃이
가녀리고 청초하다
가까이 다가서니 꽃향기가 물씬 풍긴다
꼭두서니과의 혈통답게
가지마다 매달린 열매가
속살까지 빨갛게 익어간다
블루마운틴의 버팀목을 잡고
지금 먹구름외나무다리를 건너는 중이다
주렁주렁 매달린 식구들이 무심코
던져놓은 설거지통에서
뿌리내리지 못한 여린 가슴이 몸살을 한다

가을

앞마당 감나무 가지 끝에
빨간 가을이 매달려 있다

가슴이 아려서
가지가 흔들린다

옆에 서 있는 사철나무는 미동도 없다
감각이 없는 것인가
감정이 없는 것인가

감나무 가지가
다시 흔들린다
몇 개의 누런 시간이 후드득 떨어진다

빨간 홍시 위로
파란 하늘이 빠르게 지나간다

유모차

할미의 유모차 한 대가
허름한 거리를 밀고 간다
아이는 제 발로 날아갔지만
아직까지 젖비린내 물씬 풍긴다
할미는 미련을 떼어내며
거친 숨소리로 바퀴를 돌린다
아이의 포근한 자리에는
버려진 폐박스 몇 장이 반란을 꿈꾸고
할미를 관장하는 폐박스
아이의 조잘거림 대신
할미의 명줄을 붙잡은 폐박스
눈물로 얽어맨 추억의 유모차가
칼날이 번뜩이는 중심가를 지나
세상 밖으로 끌려가는 운전대가 되어
비틀거리는 거리에 좌표를 찍으며
삐걱삐걱
삐걱삐걱
자알도 간다

들쥐와 집쥐

하얀 집쥐와 검은 들쥐가 혼인을 약속하고 제일 먼저 신혼집을 구하러 다녔다

들쥐는 넓은 들판에, 집쥐는 아늑한 마루 밑에 정하자고 했지만 이견을 좁히지 못하고
결국 집도 들도 아닌 산속으로 갔다

그런대로 살아가던
어느 날 서로를 바라보고 깜짝 놀랐다

둘이는 하얀 집쥐도 검은 들쥐도 아닌 누런 산쥐가 되어 있는 것이 아닌가

누런 산쥐가 된 그들은 들에도 집에도 드나들면서 별 불편 없이 살게 되었다는데

집쥐들아 들쥐들아
한번쯤 산으로 가보는 건 어떠냐

저승도 만원이다

수명이 다했다기에 저승에 가보니 문이 수천 개나 있으나 입구마다 수많은 亡者로 북새통이다

저승 안을 슬그머니 들여다보니 천당이나 지옥이나 다 만원이다 저승에서는 낙태나 미숙아로 죽은 자들도 인구로 계산되고 있었다

약삭빠른 망자들은 어떻게 갖고 왔는지는 모르나 금반지나 금이빨을 빼주거나 권력이나 인맥을 동원해서 순서를 바꿔치고 좋은 자리를 차지하고 입구를 지키는 저승사자들은 커다란 가방을 옆에 놓고 금붙이를 챙기느라 정신이 없었다

그동안 원로들이 저승사자를 맡았으나 능률이 나지 않는다는 이유로 이승에서 방구 꽤나 뀌던 젊은 망자들로 교체하고 나서 이 지경이 되었다고 문 앞에서 아무 불평도 못하고 수십 년간 기다렸다는 한 순진한 망자가 귀띔해 준다

우왕좌왕하는 꼴이 하도 기가 막혀 다시 이승으로 돌아오는데 나를 간섭하는 저승사자는 아무데도 없었다

저승 혼란이 계속되는 한 이승사람들 장수는 계속 되겠다

못을 뽑아본 사람은 안다

작은 못보다
큰 못이 어렵고
낮게 박힌 못보다
깊게 박힌 못이 어렵다
그보다도 어려운 것이
오래된 못이다
오래된 못 중에는
뽑히기보다
스스로 부러지기를 택하는 못도 있다
처음에는 성질이 다른
서먹함으로 시간을 보내지만
정겹게 살아온 나무와 못
못을 뽑아본 사람은 안다
성질이 강한 못이
먼저 산화되어
나무에 동화된 것을

불미나리

불미나리는 동물이다
한 해 동안 대여섯 걸음밖에 걷지 못하지만
한곳에 머물기 싫어하는
성격으로 태어난 불미나리
마디에 줄기를 만들고
한 걸음 걸어가면
다른 마디가 또 한 걸음 걸어간다
걸어가서 뿌리를 내리고
또 걸어가서 뿌리를 내린다
식물로 태어났으나
불미나리는 동물이 되고 싶은 욕망으로
제 몸이 시뻘겋게 되도록
끈기 있게 걸어가서 한 가계(家系)를 이룬다
동물로 태어났으나
제자리에서 맴도는 나
불미나리무침 한입 질겅질겅 씹으며
한쪽 다리 쭉 뻗어본다

흑경

고물상 구석에서
깨진 흑경 하나 보았다
자신의 깨진 내면으로
남의 모습을 바라보는 편향성
자신의 검은 내면으로
남의 모습을 인식하는 편향성
사람들이 제 앞을 슬쩍
스치기라도 하면
빠짐없이 편향된 모습으로 찍어낸다
자신의
편향성을 알고나 있을까
고칠 의사는 있을까
흑경의 날은 땡볕이다
늘 어둠이다
고물상 아저씨의 힘을 빌어야
햇살 방향으로 몸을 돌릴까

의자왕 달동네

天宮마을 달동네 사람들은
하늘에 기둥을 걸어 집을 짓는다
슬레이트와 조각 판자로 지붕을 잇고
조각 스티로폼 벽을 쌓는다
고장 난 전기장판이나
불 꺼진 연탄난로가 외풍을 막을 때
추녀 끝 실고드름이 팔뚝만큼 자라나고
달빛도 함께 얼어붙는다
햇살까지 온기를 잃은 탓일까
안방 주전자가 얼고
문풍지가 피리를 부는 날에는
월례행사로 수도가 동파되고
쓰레기와 연탄재가 얼어붙은 비탈길에서는
독거노인의 팔도 함께 동파된다
차디찬 방바닥엔 주인 잃은
시퍼런 철거계고장이 뒹굴지만
분뇨차와 손수레청소차가
산 자들을 위해 목청을 높인다

재개발로 사라질 천궁마을 사람들은
낯선 사람들에게 마음을 떼어주다
버림받은 개나 고양이가 되어
오돌오돌 떨고 있다

아버지

바깥마당에 서 있던 느티나무가
태풍을 이기지 못하고 쓰러졌다
울안을 데우고
뒤주를 채워주던 느티나무
어디 가서 그
따뜻한 온기를 느껴볼 것인가

밑동을 자세히 살펴보니
속은 텅 비고 뿌리는 통째로 썩었고
껍질은 숭숭 구멍이 뚫렸다
매년 피어나는 잎만 보고
눈길 한번 주지 않았는데…

그 느티나무가 언제
내게 이 깊은 뿌리를 내렸는가
자꾸
자꾸자꾸 가슴이 허하다
오늘은 느티나무 장삿날

아버지 뒤주에서 쌀을 퍼다 젯밥을 짓는다
아버지의 시계는
중천에 뜬 오뉴월 태양으로 멈추고…

느티나무는 늘 바깥마당에 서 있었다

경칩

겨우내 갇혀 있던 닭들을
마당에 풀어 놓았다
영산홍 가지에 남아 있는
잔설을 쪼아 먹는 수탉
꼿꼿한 볏이
이내 빨갛게 피어난다
암탉들은
잔디밭에 쏟아진
햇살 알갱이들을 줍는다
매 한 마리가 다가오자
닭들이 일제히
원시의 날갯짓으로
넝쿨장미 속으로 몸을 숨긴다
경칩은 쫓고
쫓기는 자들의 계절이다

제3부

측백나무 울타리

아버지는 측백나무를 심어 울타리를 만들었다 댓 살짜리 아이의 키만 한 묘목을 듬성듬성 심어 놓고 해마다 웃자라는 모가지를 낫으로 잘라냈다 그럴 때마다 내 모가지도 함께 잘려나갔다 그로부터 십여 년이 지났을까 측백나무는 조금씩 울타리 형태를 갖춰갔지만 그 후로도 아버지는 해마다 적당한 크기로 웃자란 모가지를 쳐냈고 쓸데없는 쪽으로 자라는 가지를 자라냈다 그때마다 내 모가지와 가지도 여지없이 잘려나갔다 아버지가 죽은 뒤 측백나무 울타리는 웃자란 모가지를 주체하지 못하고 비바람에 흔들렸다 내 모가지도 함께 흔들렸다

황소눈물

온 마을이 소한 추위로 뒤덮던 날 새벽
외양간 앞에 쪼그리고 앉은 노인이
연거푸 담배연기를 품어 올린다
〈가축전염병예방법 제23조〉
매몰 대상이 되어버린 누렁이
영문도 모른 채 눈망울을 꿈벅거리고…
자식들 시집장가 다 보내고
아침저녁 여물 쑤어 먹이며
가족으로 함께 살던 누렁이도
이제 차가운 땅속으로 돌려보내야 한다
자신만큼 쪼그라진
빈 담뱃갑을 바짝 움켜잡으며
한숨을 내쉬지만
구제역이 사그라진다는 소식은 없다
외양간 처마에 맺힌 고드름도
눈물이 말랐다

파종

텃밭에 불신을 파종하고 나서
며칠 후의 일이다
차마 보기 민망할 정도로
불신의 벽을 뚫고
촘촘히 솟아난 새싹들
고개를 쳐들고
빤히 올려다본다
싹이 트지 않으면
어쩌나하는 불안함과
척박한 땅을 불신했던 어리석음
뿌리고 덧뿌렸던 내 손끝
불신을 파종하여 근심을 수확했다
얼갈이배추 씨앗들이
땅을 대신 말해준다
불신의 종말에도 땅은 늘 신뢰라고

자화상

겁도 없이
강물 속으로 툼벙 뛰어든다
어느 정도
떠 있을 거라는 예상을 깨고
물속으로 가라앉는다
두 손을 휘저어보지만
좀처럼 떠오르지 않는다
물을 먹어가며
손발을 휘젔는다
잠시 떠오르는가 싶더니
다시 가라앉는다
그러기를 수십 번
겨우 숨만 쉬고
또 가라앉는다
강물을 실컷 들이마신다
강물이 다 마를 때까지

죽은 것의 의미

장미의 죽은 줄기가 쓸데없는 것이라고
싹둑 잘라버린 것이 실수였다
가시만 앙상하고 볼품없이 말라붙은 줄기
파란 새싹에 어울리지 않게
누런 색깔로 얼기설기 뻗어 있다
화려한 사랑꽃을 피우고
푸른 잎을 공중에 휘날리던
자태는 찾아볼 수 없다
비바람이 치자
장미꽃 여린 새 줄기는
세상에 손 한번 뻗어보지도 못하고
부러지고 꺾어진다
죽은 줄기가 있었다면
이렇게 비참하게 부러지지는 않았을 것을
그랬다, 죽은 줄기는
산 것들을 지탱해주는 힘이었다
제 역할이 끝나면
스스로 몸통에서 떨어져 나가는…

무소유

법정스님이 입적하셨다
뉴스마다 무소유가 화두다
가사 한 장 걸치고
송광사에서
강원도 오두막 자연 속으로
한줌 재로 뿌려진
법정스님

"그동안 풀어놓은 말빛을 다음 생으로 가져가지 않겠다. 내 이름으로 출판한 모든 출판물을 더 이상 출간하지 말아주기를 바란다."

유언이 알려지자
출판사는 대목이고
서점가는 한 권이라도 더 소유하려는 사람들로 북새통이다

무소유를 바라던

스님의 유언

소유욕으로 바뀌어버렸다 우리들이

기억여행

방충망에 맺혀 있던
빗방울이 주르륵 흘러내린다
이 빗방울이
슬픔인지
기쁨인지
그리움인지
눈이 퉁퉁 부어오른다
먼 산을 바라보던 시선이
땅바닥에서 멈춘다
동공은 초점을 잃고
흐릿한 기억 속으로 간다
서서히
비바람 한 줄기 휙 지나간다
순간에 포착된 풍경이다
빗방울이 다시
주르륵 흘러내린다
땅바닥에 장미꽃술 떨어져
커다란 장미꽃 한 송이 피운다

옥수수

우리 집 옥수수 밭에
슬픈 추억들이 알알이 익어간다
비탈진 화전에
듬성듬성 새싹들이 돋아날 무렵
삼베도포를 걸치고
삼베버선발로 떠난 아버지
주린 배를 움켜쥐고
돌산을 일궈 옥수수를 심던 무쇠돌이
계곡물 한잔으로
진종일 땡볕을 물리치던 무쇠돌이
어느 날
보릿고개 문턱에
끝내 무릎 꿇고 울던 아버지
우리 집 화전에는
아버지 수염을 닮은
옥수수가 하얗게 웃고 있다

모자

나는 외국에 나가면
모자를 산다
사람들에게는
모자 수집이 취미라고 말하지만
외국을 여행하다보면
내 속에 감춰두었던
치부가 시도 때도 없이 드러나
어쩔 수 없이
모자로 얼굴을 가린다
김삿갓은
비 오는 날 삿갓을 만들었다는데
나는 외국에 나가서
모자를 산다
김삿갓은 밖에 나갈 때마다
하늘이 부끄럽다고 삿갓을 썼다는데
나는 밖에 나갈 때마다
모자를 쓴다

도시의 하루

청둥오리 한 마리가
도시 한복판을 가로질러 날아간다
솟아오른 빌딩숲을 피해
뿜어 오르는 매연의 굴뚝을 피해
날면 날수록
멀게만 느껴지는 도시의 끝선
어깨에 힘이 빠지고
방향감각이 흐려진다
끝선에 당도하려면 앞으로 전진만 있다
고개에 남은 작은 힘이라도
날개에 보태는 게 좋다
회오리바람을 피해 휘젓는 날갯짓
힘 빠진 날개를 내려놓으면
남는 건 오직 주검뿐
선택의 여지가 없는 날갯짓
도시 상공을 가로질러야 하는 운명
도시는 늘 나에게
상공을 가로질러 날라 한다

개팔자

친구 손에 이끌려 모란시장으로 들어서자
불쾌한 냄새가 눈을 이끈다
시장 북쪽으로 쭉 늘어선 철망과 그물망
그 속에서
개 염소 토끼 닭 오리 꿩 등등
비린내를 토해내며 멀뚱거리고 있다
이미 세상과 인연을 끊어낸
빨건 짐승 토막들
갈비뼈가 허연
시커멓게 그을린 토막들
배신에 대하여 저항이라도 하려는 듯
검은 피를 토한다
개소주집 압력솥에서는
사람들의 탐욕이 쉴 새 없이
칙칙 김을 뿜아 올리고
며칠씩 절망 속에 갇혀 있는 짐승들
토실한 몸매나 상냥한 몸짓이
죽음을 재촉한다는 것쯤은 안다

철망 속을 멍하니 들여다보는 나를
앞서가던 친구가 다그친다
“짐승은 짐승이고 사람은 사람이야”
나는 친구 따라
보신탕 한 그릇에
소주 서너 병 뚝딱 해치운다

누가 팔자 좋은 사람을 보고
개팔자라고 했는가?

돌담

제주 하가리 사람들은
바람을 막기 위해
돌로 울타리를 쌓는다
밭이나 논이나 마을길이나
묘지에도 돌담을 쌓는다
혹시 마을길이 무너지기라도 하면
공동 작업으로 담을 쌓는데
마을 연장자의 말대로
담에 바람구멍을 뚫는다
큰 돌과 큰 돌 사이에
작은 돌을 끼워 이를 맞추고
다시 흔들어 고정시킨다
이때 생기는 작은 구멍을
메우지 않고 그대로 두는데
언뜻 보기엔 엉성해 보이지만
이것이 이 마을을 지탱하는 힘이다
대대로 이어지는 견고한
돌담에 뚫어 놓는 지혜구멍

삶이 빈틈없음이라고 믿었던
고지식한 내 마음에
바람구멍이나 숭숭 뚫어야겠다

김밥

아내표김밥을 가방에 넣고 등산 중
폐광 앞에 멈춰 섰다
폐광은 눈으로 하얗게 덮이고
입구만 멀뚱멀뚱 열렸다

초병이 된 거미만 두 다리가 잘려
검정모포로 싼 김밥처럼
끌려 나오던 친구를 기억할 뿐
모든 아픈 기억들은
먼 산 쪽으로 서 있다
열여섯 나이로
풍랑 맞은 가족의 생계를 움켜잡고
시름하다가 김밥이 된 친구

아내표김밥을 바위 위에 꺼내놓고
친구를 만난다
김밥을 칼로 썰 수 없는 이유로

친구를 지탱하던 녹슨 곡괭이가
흰 눈에서 고개를 쳐든다

버려진 것들의 가치

이사를 와보니
전에 살던 사람이 사용하던 의자가
발코니에 놓여 있다
천이 닳아서 속살이 나오고
스텐 테두리는 군데군데 녹이 슬었다
낡고 버림받은 의자
그러나 그 의자는
내가 집수리하는 동안
무거운 일꾼들에게 등을 굽혀주었고
궂은일이 있을 때마다 몸을 사리지 않고
발아래 엎드려 주었다
공사가 끝나서
울타리 곁에다 치워놓았더니
수고를 말할 틈도 없이
누군가가 가져가 버렸다
의자로 가져간 건지
고철로 가져간 건지 모를 일이다

마늘

처마 끝에 마늘 한 접 걸려 있다
바람이 속살까지
파고들며 물기를 말린다
파종 때가 되자
허공에서 마른 마늘들이 싹을 틔운다
누군가의 손길을 간절히 기다리며
바싹 마른 마늘 같은 할멈이
차가운 마룻바닥에 누워 있다
세월을 잊은 채
양지의 햇살도 등지고
거친 흙벽에서
보릿싹이 고개를 쭈우욱
빼고 중얼거린다
할멈도 땅에 심으면
새싹으로 자랄까

손톱

어머니 각시 때 손톱을 닮은
벚꽃이 활짝 피었다
그 꽃잎으로 돌산을 파서
자식을 키워낸 어머니
수백 번 찢기고
피 흘려서 일궈낸 쪽밭
그 어머니가 밭둑에 심어 놓은
벚꽃이 만개하여 나를 맞는다
떨어진 꽃잎은
누렇게 썩어 들어가고
그때 어머니 손톱도
이렇게 절반도 남아 있지 않았었다
자식들 입으로 보리밥
들어가는 것으로 행복하시던
어머니 어 · 머 · 니
쪽밭 돌울타리에
어머니 손톱이 우수수 떨어진다

제4부

난시

신비로운 세상이 눈앞에서
아른거린다
안경사를 찾았더니
눈을 써먹을 만큼 써먹으니
자연스럽게 받아들이란다
심호흡 속으로 먼 산이 걸어온나
산은 여전히 초록물결이다
불편할 때 쓰라고
안경사가 안경 하나를 만들어 준다
콧등은 약간 어색하지만
세상이 하나로 보였다
늙수그레한 여인의 얼굴에 굵게
파인 주름살이 다가온다
저 쓸쓸한 여인은 누구인가
안경을 벗어버린다
하나로 보는 세상보다
여러 개로 보는 세상이 더 아름답다

명함

책상서랍에 있는 명함을 정리한다
이삼십 년 전부터 모아온
면면의 얼굴들이 일어난다
어떤 이름은 맑은 아침이고
어떤 이름은 흐릿한 저녁이고
어떤 이름은 캄캄한 밤이다
어떤 이름은 장사 지낸 지 오래된 이름이다
아뿔싸!
전화기 옆으로 달려가
명함 아래 작게 쓰여 있는
두 자릿수 전화번호를 누른다
너무 늦지 않았기를…

소식은
오래 기다려주지 않았다

종묘만찬

금은방 주인이
저녁식사를 마치고 쟁반을
가게 모퉁이에 내어 놓는다
제일 먼저
찬바람이 핥고 지나간다
다음에는
쉬파리가 핥고 지나간다
그 다음으로
노숙자가 핥고 지나간다
마지막으로
새우잠에서 깬
노숙자의 눈알이
쟁반 위에서
데굴데굴 굴러다닌다
지나가던 초승달이
멈춰 시시 혀를 친다

마디 잠

칡꽃이 피는 계절은
마디 잠을 자는 계절이다
마디마다
아프게 자라난 줄기
상처의 곁가지
질긴 인연의 줄기에는
보랏빛 꽃이 곱다
무성한 잎사귀 틈을 헤치고
수줍게 피어나는 꽃
보랏빛 나비가 되어
하늘하늘 춤을 춘다
잿빛 추억은
깊은 뿌리로 자라나고
슬픈 칡넝쿨에
꽃봉오리가 줄줄이 맺힌다

난파선

서울역 지하도에 난파선들이 나뒹굴고 있다
예보도 없이 밀어닥친
태풍에 난파되어 떠밀려온 난파선
거친 파도에
할퀴고 찢겨서 성한 곳이 없다
갑판에는 오물이 가득하고
선체는 너덜너덜 속살이 불거졌다
꿈으로 내달리던
엔진은 차갑게 식어버리고
엔진 밖으로 흘러나온
윤활유가 시커멓게 뒤덮였다
난파선에 엉겨 붙은
찢겨진 몇 장의 신문지에는
동정어린 기사(記事)들이 위로하고 있지만
돛대도 삿대도 없는
난파선은 아무런 감흥이 없다
난파선 혈육들의 냄새가
콧등을 시리게 할 뿐이다

촛불

촛불이 타면
그림자도 함께 탄다
불빛도 없이
열기도 없이
소리도 없이
검은 몸을 태운다
조금씩 아주 조금씩
몸이 흔들리고
길어졌다 줄어들다가
넓어졌다 좁아졌다가
차가운 몸을 태운다
조금씩
아주 조금씩
제 몸이 왜 타는지도 모르면서
촛불이 타면
그림자도 함께 탄다

향우회

한 실향민이 각혈하다 밤을 새우더니
끝내 병실로 돌아오지 못했다
정신이 들 때마다
고향이야기로 베개를 적시던 사람
그래도 따뜻한 이웃이 있어
실향의 설움을 달랬다는 그 사람
고향 그리는 마음
주체할 수 없어 수시로 휴전선을 넘나들던 사람
어머니 품속 같은 고향하늘로
새가 되어 날아갔다
그 사람 지금
눈물로 불러내던 고향사람들과
들녘을 함께 뛰고 있으리라

뜨개질

한 여인이 낡은
스웨터를 풀어서 목도리를 짠다
바늘코를 따라가는
손길이 분주하다
뭉쳐진 실은 풀고
헤진 곳은 잘라낸다
누군가의 목덜미를
감싸줄 목도리
누군가와 끊어진 연(緣)을
이어줄 목도리
여인은 코 빠진
목도리를 다시 푼다
풀어진 실을 매만지며
다시 풀 수 없는
코 빠진 사람의 목을 어루만진다

소통

죽어가는 난을
화분에서 빼내 뜰 한쪽에 대충 묻어놓았다
얼마나 지났을까
물기라고는 없던 난이
공중으로 대궁을 올려 밀었다
손길 한번 주지 않았는데
기억 밖으로 내놓았는데
땅과 구름과 별과 소통을 한 것일까
꽃이 별을 닮았다

소원해진 친구에게 전화를 건다
친구는 목소리도 잊었는지
전화를 끊어 버린다
몇 해가 지나도록
소통을 할 수 없었던 친구
꼭마름으로 다시 전화를 건다
소통이 된 싱싱한 꽃대에
전화벨이 요란하다

화두

다리가 절뚝거리고 어깨가 늘어지고 허리가 굽은 노인이 보이기 시작한 것이 환갑이 넘어서부터였다고 했다 아버지는, 나도 어느새 허리 굽은 노인이 보이기 시작한다 거리에서…

노인에게 다가가 물었다.

"효가 무엇입니까?"

노인이 말했다.

"연민이죠"

무게가 다른 가방

목수의 튼튼한 어깨에 걸려 있는 가방 안에는 거친 표면을 곱게 만들 잘 갈린 대패와 어떠한 통나무도 겁내지 않을 날선 톱과 한방에 사 궤를 맞출 망치와 좌우로 수직 분할선을 정확하게 그어낼 먹줄과 한 치의 오차도 허락하지 않을 직각자와 외눈박이 가늠자와 눈이 정확한 수평기가 들어 있다

축 늘어진 내 어깨에는 날이 무디어진 대패와 통나무를 겁내는 톱날과 부실한 망치와 먹물이 말라버린 먹통과 비틀린 직각자와 깨져버린 가늠자와 눈먼 수평기가 세상을 한탄하며 고개를 숙이고 있다

우물 파는 사람

메마른 영혼들을 위해
마르지 않는 깊고 맑은 우물을 파는
상이군인 한 사람을 보았다
의탁할 곳 없는 가난한 사람들에게
쉼터가 되어주는 사람
베트남 투이호아 전투에서
부비트랩에 두 다리를 잡아먹히고
나락에서 겨우 살아 돌아왔다는 사람
그 덕택에
마음속 신비로운 통로를 보게 되었다고
쑥스럽게 머리를 긁는 사람
희망을 찾은 사람들을 볼 때마다
떨어져나간 두 다리에서
무쇠다리가 자라나는 것 같다며
아이처럼 해맑게 웃다
메마른 영혼들을 위해
마르지 않는 깊고 맑은 우물을 파는 사람

그루터기는 소통할 곳으로 움직인다

그루터기에 돋아난 가지가
태풍에 찢겨 나갔다
가느다란 가지로
하늘과 땅으로 소통하던 그루터기
에너지를 줄기로 뽑아 올리다가
뿌리로 뽑아 내리던 그루터기
그 그루터기에는 더 이상
소통의 에너지는 없다
몇 해를 두고 보았지만
새로운 가지는 돋아나지 않았다
그루터기는 오직
땅을 향하여 검게 썩어가며
소통할 뿐이다

술 투정

요즈음 술은
익는 냄새가 없어서 좋다

술 익는 냄새가 없으니
갈 곳이 없어서 좋다

가랑잎

공중을 부양했던 가랑잎 한 장
제 역할이 끝났다는 듯
땅바닥에 내려앉는다
땅이었다가, 하늘이었다가
물이었다가, 공기였다가
몇 계절을 넘어
오골 오골 쪼그라진 이파리
누렇게 탈색된 이파리
가장 낮은 자리로
내려앉는다
거기가 끝이 아니라는 듯
썩을 준비가 되었다는 듯

투명함에 대한 오해

집을 수리하다가
마당에 버려진 깨진 유리창
유리 날들이
나를 겨냥하고 있다
늘 반질거리는 것에 대하여
조금 못마땅해 하기는 했지만
그렇게까지 원한 살 정도는 아니었는데
내 작은 빈정거림에
속이 많이 상했었나 보다
속죄하는 마음으로
유리조각을 주워 재활용봉투에 넣었다
며칠이 지났을까
그 풀숲에서 아직도 살기를 꺾지 않고
노려보고 있는 유리 파편들을 보았다
유리는 늘 투명해서
속도 없는 줄 알았는데
보이지 않는 것의 속보다
보이는 것의 속이 더 깊었다

해설

리얼리스틱한 시선과 희망의 장소 찾기

이성혁 문학평론가

이태규의 『취악상추』는 소박하고 따듯한 마음이 담겨 있는 시집이다. 꾸밈이 없어서 소박해 보이기도 하지만, 난해시가 너무 많은 요즘 이렇게 소탈한 시집과 만나 한 영혼의 맨 얼굴을 보는 것도 즐거운 경험이 되리라고 생각한다. 자신의 생각이나 느낌을 솔직하게 진술하는 시편들이 많기 때문에, 이 시집은 시인의 삶에 대한 자세나 정서, 생각이 비교적 투명하게 드러나는 편이다. 그래서 이 시집을 읽고 난 독자는, 마치 카페 같은 곳에서 시인과 만나 그가 살았던 삶이나 세상에 대한 생각에 대해 이것저것 듣고 나온 듯한 느낌을 가지게 될 것이다. 그리고 이태규 시인이 세상과 삶에 대해 따스한 시선을 가지고 있다는 것을 알게 될 것이다. 그의 따스한 시선은 세상으로부터 배제된 사람들을 바라보고 있는 데서 느낄 수 있다. 시인은 세상이 돌보지 않는 노인이나 세상으로부터 버림받은 노숙자들과 같은 사람들에 주목하고, 배제된 사람들에 대한 사회의 싸늘한 취급에 대해 비판하고 분노한다. 이는 시인의 따듯한 마음에서 비롯된 것이다.

이 따듯한 마음은 즉흥적이거나 반사적인 반응이 아니고 죽음에 대한 깊은 사색을 통해 배양된 것이다. 죽는 것, 폐기된 것, 버려진 것에 대한 사색이 배제된 자들에 대한 연민의 시선을 이끈다. 시인이 죽음에 대해 사색하게 된 것은 돌아가신 아버지에 대한 기억과 어머니의 죽음이 계기가 되어서인 것 같다. 가령 「수목장」에서는, "뽀얀 재로 누워 있"는 어머니를 '수골실에서' 만나는 이야기가 진술되어 있다. 즉 돌아가신 어머니를 화장하고 뼈를 분쇄한 가루를 "평소 좋아하시던 단풍나무 밑에" 묻었다는 이야기다. 시인은 어머니의 분골에서 "세상과의 모든 인연도 불살라버리고/오롯이 자신만으로 누워 있"는 어머니를 보고는, "채 두 홉도 되지 않는" "뽀얀 재"에서 어머니의 고독한 존재 그 자체를 보게 된다. 더 나아가 그는 분골을 묻은 단풍나무의 단풍의 색깔이 죽은 어머니가 이 세상에서 삶을 지속하고 있다는 표현이라고 시적인 상상을 한다. 이러한 시적인 상상은 삶에 내재하고 있는 죽음에 대한 사유와 연결될 터인데, 죽은 아버지가 등장하는 아래의 시 역시 죽음에 대한 사유를 바탕으로 한 시적상상을 보여주고 있다고 하겠다.

아들 내외가
유치원 다니는 손자를 데리고 온다기에
동네 목욕탕으로 달려갔다
목욕탕에는 아들의 등을 미는 아비는 있어도
아비의 등을 미는 아들은 없었다
온탕 벽에 기대고 앉아
만화로 그려 붙인
여인네의 풍만한 엉덩이를 보다가
눈앞을 지나다니는 청년들의
튼실한 허벅지를 보다가
무심코 어깨에
끼얹은 뜨거운 물에 소스라치게 놀라
냉탕에 들어가 정신을 차려보니
돌아가신 아버지가
내 앞에 등을 내미신다
오뉴월 논을 매다 모기에 뜯겨
빨갛게 벚꽃이 핀 아버지의 등이다
활처럼 휜 등이다

—「냉탕온탕」 전문

시인의 아버지에 대한 마음과 세태에 대한 비판, 젊음과 노년의 대비 등이 담담한 진술을 통해 잘 나타나 있는 시다. 목욕탕에 "아들의 등을 미는 아비는 있어도/아비의 등을 미는 아들은 없었다"와 같은 진술은 아버지에 기대어 살아가면서 아버지를 돌보지 않는 세태를 손자를 둔 할아버지로서 꼬집고 있다. 하지만 이러한 비판은 시적 화자 자신에게도 겨누어지는 듯하다. 그러한 비판은, 한편으로 지금은 이 세상에 안 계신 아버지를 생전에 잘 모시지 못했다는 자책감이 시인을 괴롭히게 되는 것이다. 그렇기에 "내 앞에 등을 내미"시는 아버지에 대한 상상이 나타나게 되는 것 아니겠는가. 시적 화자 자신도 생전의 "아비의 등을" 잘 밀어드리지 못했다는 회한이 상상으로나마 아버지의 등을 밀어드리고 싶다는 생각을 하게 만들 터이니 말이다.

그렇게 상상 속에 등장하게 된 아버지는 시인 앞에 "등을 내미"시는데, 그때 시인의 눈에 들어온 것은 "오뉴월 논을 매다 모기에 뜯겨/빨갛게 벼꽃이 핀" 등이다. 즉 아버지를 떠올릴 때 시인의 뇌리에 먼저 각인되는 것은 바로 노동의 고난에 망가져간 아버지의 육신인 것이다. 한편, 젊었을 때부터 노동해야만 했을 '아버지'의 "활처럼 휜" 육신이 "여인네의 풍만한 엉덩이"나 "청년들의/튼실한 허벅지"와 비교됨으로써, 시에는 '뼈 빠지게' 일하면서 가족을 돌봐야 했을 '아버지' 세대의 고난어린 삶이 부각된다. 돌아가신 아버지에 대한 시인의 회한에 찬 기억은, 아버지 세대의 고난으로 인해 저 청년들의 몸이 튼실해질 수 있었다는 생각을 낳은 것일 테다. 더 나아가 시인은 돌아가신 어머니가 단풍으로 이 세상에 살고 있듯이, 돌아가신 아버지 역시 이 세상에 등을 내밀며 살고 있다고 상상한다.

하지만 현재의 세상은 죽은 이들의 존재를 존중하지 않는다. 시인이 보기에 "죽은 줄기는/산 것들을 지탱해주는 힘이었다"(「죽은 것의 의미」)는 것을 현재의 세상 사람들은 알지 못하기 때문이다. "제 역할이 끝나면 스스로 몸통에서 떨어져 나"감으로써 죽음은 삶을 지탱하는 것이어서, "죽은 줄기가 쓸데없는 것이라고/싹둑 잘라버"(같은 시)리면 도리어 새 줄기가 부러지고 꺾어진다고 시인은 생각한다. 죽었다고 이 세상에서 강제로 제거해버린다면 반대로 삶이 키워질 수 없다는 시인의 사색은, 삶과 죽음의 관계에 대해 깊이 생각할 수 있도록 독자를 이끈다. 죽은 자들에 대한 기억이 없다면 삶이 튼실하게 자랄 수 있는 기반이 사라진다. 삶은 그러한 기억을 바탕으로 좀 더 나은 방향으로 나아갈 수 있는 것이다. 죽은 이들의 기억을 낡았다고 버리거나 제거해버린다면 삶을 강화할 수 있는 지혜나 전통을 상실하는 결과를 가져오고, 그리하여 현재의 삶은 허약해져서 비바람에 쉽게 부러지고 꺾어질 것이다.

반면 아래의 시에 나타나는 전통적인 지혜는 슬기롭게 비바람을 막아주고 있다.

제주 하가리 사람들은
바람을 막기 위해
돌로 울타리를 쌓는다
밭이나 논이나 마을길이나
묘지에도 돌담을 쌓는다
혹시 마을길이 무너지기라도 하면
공동 작업으로 담을 쌓는데
마을 연장자의 말대로
담에 바람구멍을 뚫는다
큰 돌과 큰 돌 사이에
작은 돌을 끼워 이를 맞추고
다시 흔들어 고정시킨다
이때 생기는 작은 구멍을
메우지 않고 그대로 두는데
언뜻 보기엔 엉성해 보이지만
이것이 이 마을을 지탱하는 힘이다
대대로 이어지는 견고한
돌담에 뚫어 놓는 지혜구멍
삶이 빈틈없음이라고 믿었던

고지식한 내 마음에

바람구멍이나 숭숭 뚫어야겠다

—「돌담」 전문

시인이 보기에 "제주 하가리 사람들"은, 저 목욕탕에서 볼 수 있었던 현 세태와는 달리 윗세대와 아랫세대가 조화를 이루면서 "돌로 울타리를 쌓는" 공동 작업을 한다. 그 작업은 경험이 많은 "마을 연장자의 말대로/담에 바람구멍을 뚫"어 돌담을 쌓는 일이다. 권력자에 의해서가 아니라 경험 많은 연장자에 의해서 주요한 일들을 처리하는 원시 공동체처럼, '하가리 마을'의 공동 작업이 이루어진다. 그 바람구멍은 "큰 돌과 큰 돌 사이에/작은 돌을 끼워 이를 맞추"면서 "생기는 작은 구멍을 메우지 않고 그대로" 둠으로써 만들어진다. 그 구멍은 바람을 숱하게 경험했을 하가리 사람들이 마을길을 무너뜨릴 수도 있는 바람에 대비하기 위해 짜낸 지혜의 산물이라고 할 수 있다. 그래서 시인은 그 구멍을 '지혜구멍'이라고 지칭한다. 하가리 마을의 돌담은 빈틈없는 담처럼 마주 불어오는 바람을 그대로 다 받아 안으면서 막는 것이 아니라, 구멍을 통해 바람의 일부를 통과시켜 불어오는 바람의 힘을 분산시키면서 바람을 막는 지혜의 산물인 것이다. 시인은 이러한 마을 사람들의 전통적인 지혜에 감화되어 삶은 빈틈없는 것이라고 여겨왔던 "고지식한 내 마음에/바람구멍을 숭숭 뚫어야겠다"고 생각한다. 즉 시인은 세상에서 불어오는 바람을 빈틈없는 삶으로 막아내는 것이 아니라 어느 정도 여유의 구멍을 내서 받아들일 것은 받아들여야 지혜롭게 그 바람을 막을 수 있다고 생각하는 것이다.

시인이 여유를 가지고 너그러워질 수 있어야 한다는 삶의 지혜를 하가리 마을 사람들에게 배움으로써 그 역시 저 하가리의 전통을 받아들이는 셈이 된다. 그렇다면 하가리 마을에서처럼 윗세대의 전통이 시인에게까지 이어져 내려오게 된다고 말할 수 있다. 그 여유의 구멍은 빈틈없는 생활을 위해 버려진 것들의 가치를 시인이 다시 평가하는 모습을 보여주고 있는 「버려진 것들의 가치」에서도 찾아볼 수 있다. "이사를 와보니" "발코니에 놓여 있"던 "전에 살던 사람이 사용하던 의자"는 이사 전에 살고 있는 사람들이 버린 것이다. 그런데 아무런 쓸모가 없어 보였던 그 "낡고 버림받은 의자"는 "집수리하는 동안" 일꾼들에게 여러모로 사용되었던 것이다. 그러니 "낡고 버림받은" 존재라고 할지라도 언제 어떻게 쓰일지 모르는 일이다. 꽉 짜인 사고에서는 그러한 존재의 유용성을 발견하기 힘들 터, 통풍이 잘 되는 여유의 구멍을 가지고 생각한다면 그 유용성을 발견할 수 있을 것이다. 하지만 사회는 그러한 여유를 보여주지 않는다. 쓸모없다고 생각되는 존재는 가차 없이 버려지는 것이 우리 사회다. 그래서 서울역 지하도에는 다음과 같은 난파선이 나뒹굴고 있다.

서울역 지하도에 난파선들이 나뒹굴고 있다
예보도 없이 밀어닥친
태풍에 난파되어 떠밀려온 난파선
거친 파도에
할퀴고 찢겨서 성한 곳이 없다
갑판에는 오물이 가득하고
선체는 너덜너덜 속살이 불거졌다
꿈으로 내달리던
엔진은 차갑게 식어버리고
엔진 밖으로 흘러나온
윤활유가 시커멓게 뒤덮였다
난파선에 엉겨 붙은
찢겨진 몇 장의 신문지에는
동정어린 기사(記事)들이 위로하고 있지만
돛대도 삿대도 없는
난파선은 아무런 감흥이 없다
난파선 혈육들의 냄새가
콧등을 시리게 할 뿐이다

—「난파선」 전문

한국의 IMF나 최근의 금융위기에서 볼 수 있듯이, 자본주의는 언제 태풍이 불어올지 모르는 경제체제다. 그러한 경제위기는 "예보도 없이 밀어닥친/태풍"과 같은 것이다. 자본주의라는 바다를 건너가는 배들인 우리들은 그렇게 밀어닥친 태풍에 의해 난파되어 언제 서울역 지하도에 있는 노숙자가 되어버릴지 알 수 없다. 태풍에 "할퀴고 찢겨서 성한 곳이 없"이 파산한 삶에서 "꿈으로 내달리던/엔진은 차갑게 식어버리고" 만다. 그들의 삶은 너무도 심하게 파멸하여 윤활유가 다 새어나가 더 이상 삶을 이끌어나갈 동력과 희망을 잃어버리고 만 것이다. 신문의 "동정어린 기사들"이 그들을 위로할 수는 없다. 그들을 버린 사회가 "돛대나 삿대"를 제공하여 그들이 재생할 수 있는 시스템을 실질적으로 마련해주지 않는다면, 그리고 언론이 그러한 압력을 넣지 않는다면, 그들은 그러한 동정적인 기사에 "아무런 감흥"을 가질 수 없을 것이다. "버려진 것"에 대한 시인의 관찰은, 우리 사회에서의 버려진 삶에로 옮겨오면서 이렇듯 저 처참한 삶을 포착한다. 앞에서 보았듯이 "버려진 것"은 언제 쓸모를 가질 수 있을지 모르는 일이다. 하지만 한국 사회는 난파된 사람들을 철저하게 폐기하고, 그들은 이 사회에서 더 이상 쓸모가 없는 이들이 되어 서울역 지하도에 버려진다. 위의 시에서 시인은 이렇게 배제된 이들의 삶을 드러내는 리얼리즘적인 시작(詩作)을 보여주고 있다고 하겠는데, 이러한 시작은 「의자왕 달동네」에서도 잘 나타난다. 그 시의 전문은 다음과 같다.

天宮마을 달동네 사람들은
하늘에 기둥을 걸어 집을 짓는다
슬레이트와 조각 판자로 지붕을 잇고
조각 스티로폼 벽을 쌓는다
고장 난 전기장판이나
불 꺼진 연탄난로가 외풍을 막을 때
추녀 끝 실고드름이 팔뚝만큼 자라나고
달빛도 함께 얼어붙는다
햇살까지 온기를 잃은 탓일까
안방 주전자가 얼고
문풍지가 피리를 부는 날에는
월례행사로 수도가 동파되고
쓰레기와 연탄재가 얼어붙은 비탈길에서는
독거노인의 팔도 함께 동파된다
차디찬 방바닥엔 주인 잃은
시퍼런 철거계고장이 뒹굴지만
분뇨차와 손수레청소차가
산 자들을 위해 목청을 높인다
재개발로 사라질 천궁마을 사람들은

낯선 사람들에게 마음을 떼어주다
버림받은 개나 고양이가 되어
오돌오돌 떨고 있다

「난파선」이 노숙자들을 배에 비유하여 표현했다고 한다면, 위의 시는 곧 철거예정인 달동네 사람들-특히 독거노인-의 집과 생활을 상대적으로 사실적으로 상세하게 묘사하고 있다. 허공에 걸어놓은 기둥, 조각 판자 슬레이트 지붕, 스티로폼 벽, 그리고 방바닥은 고장 난 전기장판이 놓인 집에서 "천궁마을"의 최빈곤층 사람들은 살고 있다. 수도 동파는 월례행사이고 안방 주전자의 물은 얼어붙는다. "독거노인의 팔도 동파"된다는 말도 과장이 아니다. 추위를 막을 수 없는 형편없는 주거공간에서는 독거노인의 몸 역시 파괴되어갈 것이기 때문이다. 집뿐만 아니라 항상 얼어붙어 있을 비탈길에 쓰레기와 연탄재가 널려 있는 모습 자체도 이들의 마을이 거의 버려진 곳임을 드러낸다. 저 천궁마을 자체가 '난파선'이 된 노숙자들처럼 버려져서 폐기될—"재개발로 사라질"—존재인 것이다. 이렇게 버려진 공간에 사는 사람들 역시 "시퍼런 철거계고장"에 따라 폐기되어야 해서, "버림받은 개나 고양이"처럼 "오돌오돌 떨고 있"는 존재가 되어버린다. 이들 버림받은 사람들은 돈 있고 권력 있는 "낯선 사람들에게 마음을 떼어주다" 그나마 살았던 집을 떠나 어디론가 사라져야만 한다.

이태규 시인의 현실비판적인 시는, 힘없고 배제되고 버려진 자들을 주목하면서 그들의 파괴되는 삶을 가감 없이 묘사하고 드러낸다. 다시 말하면, 시인은 언론처럼 달콤한 거짓 희망을 배포하는 동정과 위로를 배제하고 벼랑 끝으로 몰려 있는 그들의 희망 없는 삶을 그 자체로 보여준다. 냉철하게 묘사하고 있다고 해서, 그렇다고 시인의 시선이 냉정한 것은 아니다. 시인이 동정이나 위로를 드러내지 않는 것은, 도리어 시인의 삶 역시 그들의 처지 바깥에 있지 않다고 생각하기 때문일지 모른다. 그들에 대한 동정과 위로는, 그들이 있는 곳 바깥 또는 위에 자리하고 있다는 안도감을 전제로 한다. 그러나 시인은, 「도시의 하루」에 따르면 언제나 그들의 처지에로 떨어질 수 있다는 위기감을 안고 살아간다. 그 시에서 시인은 자신을 청둥오리로 비유하면서, "도시의 끝선"에 당도하기 위해 "앞으로 전진만" 하면서 "도시 상공을 가로질러야 하는 운명"에 대해 말하고 있다. 그 '청둥오리-나'는 "남은 작은 힘이라도/날개에 보태"야만 살 수 있다. 이 도시에서 "힘 빠진 날개를 내려놓으면" "남는 건 오직 주검뿐"이다. 앞에서 보았던 배제되고 버려진 사람들처럼 말이다. 자신에게도 닥칠 수 있는 그러한 위험을 잘 알고 있기에, 시인은 그들에 대해 동정한다기보다는 그들을 같은 운명 공동체에 사는 사람들로 여긴다. 그래서 그들의 삶에 대한 시인의 리얼한 묘사는 한편으로 이러한 가혹한 도시에 대한 일종의 분노를 내장하고 것이다.

이렇듯 시인의 인식에 따르면, 도시에서의 삶은 항상 추락할 위험에 처해 있다. 그러한 추락은 "잠시 무관심한 사이/누런 상추 잎에는/까만 벌레들이 문패를 달"아 "선을 먼저 긋는 놈이 장땡"인 것이 "세상 이치"(「취악상추」)이기 때문이기도 하다. 사람들은 이득이 나올 수 있는 자리가 있으면 선점하고는 선을 그어 자기 소유로 만들려고 한다. 치열한 경쟁 사회에서 이러한 이기적인 행태가 "세상 이치"가 되면서, 세상은 '취악상추'처럼 잘 자라지 못하는 무엇으로 되어버린다. 신자유주의 경제 체제가 보여주었듯이, 이기심을 바탕으로 한 세상은 건강함을 잃어버리고 사회적 문화적 성장을 잘 하지 못하게 된다. 경제는 사회적 문화적 에너지를 받아야 건강하게 성장할 수 있다. 하지만 경쟁에서 밀린 사람들을 폐기물처럼 처리하는 이기적 경쟁 체제는 건강함에 필요한 사랑과 연대의 성정을 파괴하여 사회적 문화적 에너지를 소멸시키는 결과를 가져온다. 그래서 시인은 이러한 "세상 이치"에 대해 비판하는 동시에, 이러한 세상을 조금이라도 바꾸기 위해서는 가난한 사람들을 돌볼 수 있는 사랑의 성정을 우리 내부에서 키워나가야 한다고 생각하게 될 것이다. 아래의 시에 등장하는 '상이군인'이 바로 그러한 성정을 가진 이라고 하겠다.

메마른 영혼들을 위해
마르지 않는 깊고 맑은 우물을 파는
상이군인 한 사람을 보았다
의탁할 곳 없는 가난한 사람들에게
쉼터가 되어주는 사람
베트남 두이호아 전투에서
부비트랩에 두 다리를 잡아먹히고
나락에서 겨우 살아 돌아왔다는 사람
그 덕택에
마음속 신비로운 통로를 보게 되었다고
쑥스럽게 머리를 긁는 사람
희망을 찾은 사람들을 볼 때마다
떨어져나간 두 다리에서
무쇠다리가 자라나는 것 같다며
아이처럼 해맑게 웃다
메마른 영혼들을 위해
마르지 않는 깊고 맑은 우물을 파는 사람

—「우물 파는 사람」 전문

무한 경쟁을 해야 하는 이 세상에서 우리의 영혼은 나날이 메말라간다. 하지만 이 시의 상이군인은 “마르지 않는 깊고 맑은 우물을 파”서 우리를 적셔준다. 그 우물 파기란, “의탁할 곳 없는 가난한 사람에게/쉼터가 되어주”는 것을 의미한다. 상이군인이니 그 역시 힘든 삶을 살아가고 있을 텐데, 그렇게 가난한 이들에게 쉼터가 되어줄 생각을 어떻게 할 수 있었을까? 베트남에서 두 다리를 잃고 죽을 고비를 넘겼을 때 “마음속 신비로운 통로를 보게 되었”기 때문이라고 그 상이군인은 말한다. 두 다리를 잃었을 때, 얼마나 절망적이었을까? 하지만 그는 두 다리를 잃었다는 사실보다는 거의 죽을 상황에서 살아났다는 데에 더 의미를 두었던 것 같다. 그래서 상황을 신비로운 기적으로 여김으로써 희망이라는 삶의 통로가 뚫릴 수 있었을 것이다. 그 상이군인은 절망적인 상황에서 삶의 기적을 경험하고 희망을 얻은 자신의 체험을 절망하는 사람들에게 들려주면서 그들의 쉼터가 되어주었을 것이다. 그는 그들이 자신의 도움으로 희망을 찾는 모습에서 “떨어져나간 두 다리에서/무쇠다리가 자라나는” 기쁨을 얻는 든든하고 해맑은 사람이다.

“세상 이치”에 반하는 상이군인의 모습에서, 시인은 이 삭막한 세상을 벗어날 수 있는 삶의 양태를 발견하고 어떤 희망을 품게 되었을 것이다. 그것은 시인이 「가랑잎」에서 보여준 가랑잎의 삶과도 비유할 수 있다. 가랑잎은 "공중을 부양"하다가 "제 역할이 끝났다는 듯/땅바닥에 내려앉는"데, "가장 낮은 자리로" 내려앉은 이후에도 "거기가 끝이 아니라는 듯/썩을 준비"를 한다. 이러한 가랑잎의 삶은 바로 가족을 부양하면서 "오골 오골 쪼그라"지고 "누렇게 탈색"되면서 늙다가 결국 흙으로 돌아가는 인생의 과정을 의미할 수 있을 것이다. 하지만 "거기가 끝이 아니라는 듯"이라는 구절을 보면, 이 시가 인생의 과정만을 이야기하는 것은 아님을 알 수 있다. 저 가랑잎은 낮은 곳으로 내려가서는 그곳에서 썩으면서 거기서 다른 삶을 살고자 하기 때문이다. 그것은 "땅을 향하여 검게 썩어가며/소통할 뿐"(「그루터기는 소통할 곳으로 움직인다」)인 '그루터기'의 모습과 같다. 그루터기 역시 그루터기가 되기 이전엔 하늘을 부양하는 나무였을 것이나, 결국 그 나무는 상이군인이 두 다리를 잃듯이 몸통이 잘려 밑동만 남게 되었을 것이다. 하지만 그렇게 남은 삶은 땅과 소통하기 시작한다.

시인은 이러한 진술을 통해, 자신의 삶 역시 밑동만 남게 되었지만 "거기가 끝이 아니라"고 생각하면서 낮은 곳과 소통하고자 한다는 마음을 표현한다고 여겨진다. 낮은 곳과 소통하려는 가랑잎과 그루터기의 모습은 시인이 생각하기에 삭막한 세상에 휩쓸리지 않는 대안적인 삶의 양태일 것이다. 시인이 배제되고 내버려진 사람들의 삶을 리얼리스틱하게 드러내려고 한 것은 그 대안적인 삶의 양태와 무관하지 않을 것이다. 그들 삶 속에 들어가 그들의 삶을 관찰하는 것은, 그들과 소통하고자 '낮은 자리'에 묻히는 것과 유비될 수 있을 것이다. 그 낮은 자리에 묻혀 썩어갈 때, 그들과의 어떤 소통이 일어나고 세상 이치로부터 벗어날 수 있는 희망이 피어오를 수 있다고 시인은 생각하지 않았겠는가. 상이군인이 가난한 사람들과 소통하여 희망을 피워내는 데 성공한 것처럼 말이다. 게다가 시인은 「소통」이라는 시에서 "죽어가는 난을/화분에서 빼내 한쪽에 대충 묻어놓았"더니 "물기라고는 없던 난이/공중으로 대궁을 올려 밀었"던 경험을 이야기하고 있다. 즉 그 난은 화분에서 벗어나서 땅에 묻히니까, 자유로이 "땅과 구름과 별과 소통"할 수 있게 되어 대궁을 밀어 올릴 수 있었다는 것이다. 이렇게 낮은 곳에 묻혀 자유로이 소통하면서 꽃을 피우며 살아갈 수 있는 삶, 그 삶이야말로 시인이 따르고자 하는 '롤 모델'일 수 있겠다. 아래의 시에 등장하는 '할매' 들이 시인에게 그러한 모델이지 않을까.

守城역 앞에는
할매들이 평생 일군 곰탕집이 있어

새벽을 밀고 들어가면
굼뜬 세월이 먼저 삐걱 인사를 하지
나무식탁 위 정갈하게 놓인
이빨 빠진 뚝배기들
연탄불에서 몇 번씩이나 제 속을 뒤집으며
맛을 담금질하는 가마솥 곰탕
세월이 움푹움푹 파낸 도마가
제 속살을 내밀며 관록을 자랑하지만
관록하면 뭐니 뭐니 해도
세월을 썰어 반찬거리를 다듬는 할매들이
으뜸이지 웃음을 끼워 팔며
구수한 사투리로 손님을 맞는 할매들이지
守城역은 곰탕집을 지키고
할매들은 주름진 손길로
守城역을 지키지

—「할매곰탕집」 전문

위의 시는 '할매'들이 곰탕집과 같이 "낮은 자리"에서 전통을 이어가며 사람들과 소통하는 모습과 그 '할매' 들에 의해 그 집이 '관록'의 장소가 되는 장면을 보여주고 있다. 그런데 이 시는 이 시집의 첫머리에 실린 시다. 시집을 여는 첫머리의 시는 그 시집의 성격이나 주제를 예

시하는 역할을 맡는 경우가 많다. 지금까지의 논의에 따른다면, 이 시 역시 그러한 역할을 맡고 있지 않나 생각할 수 있다. "세월을 썰어 반찬거리를 다듬"으면서 '웃음'과 "구수한 사투리로 손님"과 소통하는 '평생 일군 곰탕집' 할매들의 모습이야말로, 낡았다고 버려지곤 하는 전통에서 비정한 세상으로부터 삶을 보호하는 가치를 찾을 수 있다는 이 시집의 주된 내용들을 압축해서 보여주고 있기 때문이다. 그 곰탕집은 지난 세월에 의해 그 세월이 요리되는 장소다. 그 장소는 '守城역'과 공명한다. 시인은 '守城'이란 이름을 가진 역은 이름 그대로 성을 지킴으로써 곰탕집을 지켜준다고 한다. 한편으로 수성역이란 공간 역시 '할매'들이 평생의 세월을 요리하는 곰탕집이 존속함으로써 자신의 특질을 잃지 않을 수 있게 된다. 그래서 시인은 "할매들은 주름진 손길로" 그 역을 지켜준다고 말한다.

그렇다면, 무엇으로부터 곰탕집과 그 역을 지킨다는 말일까? "세상 이치"로부터 지킨다는 말 아니겠는가. "굼뜬 세월"이 녹아들어가 있는 이 곰탕집을 낡았다고 파괴하려는 자본의 세계로부터 지킨다는 것. 그리고 그렇게 지켜짐으로써, 한편으로 그 곰탕집은 삭막한 자본의 경쟁 논리에 휩쓸리지 않는 장소가 되어 소통의 공간을 지키는 셈이 된다. 시인은 이러한 장소를 지키면서 "세상 이치"에

침해되지 않은 공간을 유지하는 데에 일조하고 싶다고 희망할 터, 이태규 시인의 시작을 이끌고 있는 것은 바로 이러한 희망일 것이다.

문학의전당 시인선 145

쥐악상추

ⓒ 이태규

초판 1쇄 인쇄	2013년 2월 4일
초판 1쇄 발행	2013년 2월 12일
지은이	이태규
펴낸이	김석봉
디자인	조동욱
펴낸곳	문학의전당
출판등록	제311-2012-000043호
주소	서울시 은평구 연서로11길 7-5 401호
편집실	서울시 마포구 공덕2동 404 풍림VIP빌딩 413호
전화	02-852-1977
팩스	02-852-1978
블로그	http://blog.naver.com/mhjd2003
전자우편	sbpoem@hanmail.net

ISBN 978-89-98096-15-1 03810